RENSEIGNEMENTS UTILES

SUR

MADAGASCAR

PORTS ET MOUILLAGES

DU

COTÉ EST DE L'ILE

par E. LAILLET

Ingénieur

Membre de la Société de géographie de Paris

ÉPINAL

V. COLLOT, IMPRIMEUR

1877

PRÉFACE

Malgré les progrès incontestables qu'ont faits de nos jours les sciences géographiques, malgré les explorations de plus en plus nombreuses que d'intrépides marins et de hardis voyageurs ont entreprises au profit du commerce intercontinental, certains parages sont encore incomplètement connus, et on peut constater et signaler des erreurs plus ou moins graves dans des cartes topographiques qui se trouvent pourtant entre les mains de tous les capitaines qui font les voyages au long cours.

Obligé de faire à Madagascar un voyage nécessité par le montage de machines industrielles, j'ai profité de mon séjour dans cette île, si importante et si intéressante à tous les points de vue, pour en visiter minutieusement la partie de la côte Est la moins connue, relever la position des villes et villages de quelque importance que j'ai rencontrés sur ma route, faire l'hydrographie des mouillages et les sondages; et c'est d'après ces notes et celles du capitaine Cerisola, qui a bien voulu joindre ses travaux aux miens afin que mon ouvrage comprenne toute la côte Est de l'île, que je livre le présent opuscule, où les marins trouveront des renseignements précieux. Puisse mon petit travail leur être de quelque utilité! C'est la seule récompense que j'ambitionne : car j'éprouve une sympathie profonde pour ces vaillants hommes de mer qui bravent avec tant d'énergie et d'insouciance les dangers que présente la navigation dans des parages mal connus.

Qu'il me soit permis, en terminant cette préface, de remercier les capitaines anglais et français qui ont bien voulu m'accorder leur concours, surtout le capitaine Cérisola, inspecteur général des agences Roux de Fraissinet et Cie, ainsi que notre consul à Tamatave, M. Soumagne, car ces Messieurs m'ont toujours témoigné une cordialité, une bienveillance et un dévoûment que je ne saurais trop louer et admirer.

RENSEIGNEMENTS UTILES

SUR

MADAGASCAR

SAISONS. — ÉTAT SANITAIRE DE L'ILE

A Madagascar, l'année se compose de 2 saisons.

La saison sèche s'étend d'avril en novembre, et la saison pluvieuse de novembre à la fin mars.

C'est à cette dernière époque qu'ont lieu les pluies abondantes, les orages et quelquefois même des ouragans; c'est aussi la saison la plus malsaine.

D'avril en novembre, la chaleur est très-modérée; on se porte généralement bien et on sent parfois le besoin des vêtements de drap.

Les vents soufflent régulièrement et suivent généralement les vents généraux de la mer des Indes.

Sur les côtes, la chaleur est tempérée par les brises quotidiennes et alternatives de terre et du large.

Les fièvres de la côte Est de Madagascar sont rarement pernicieuses, pour ainsi dire jamais.

Un individu sobre se porte généralement bien dans l'île.

COURANTS. — LEUR NAISSANCE ET LEUR DIRECTION

Le grand courant, portant O. de la mer des Indes, vient frapper la côte E. de Madagascar pour se partager en deux branches bien distinctes.

Tamatave se trouve posée entre ces deux branches.

Ainsi, de Tamatave à Fort-Dauphin, les courants sont Sud, et plus on s'approche de Fort-Dauphin, plus ils sont forts, ils arrivent souvent à y atteindre une vitesse de 60 milles en 24 heures.

De Tamatave à Sainte-Marie, au contraire, les courants sont généralement N. avec les moussons de S. O. Dans la mousson du N.-E. les courants sont presque nuls.

De la pointe E. de la baie d'Anton-Gil, les courants sont Nord, jusqu'au cap d'Ambre.

A partir de Vohémar au cap d'Ambre, ils augmentent sensiblement et atteignent une vitesse de 72 milles en 24 heures.

Dans la mousson du N.-E, ce courant diminue jusqu'à Vohémar.

COMMERCE DE L'ILE

Les débuts commerciaux de l'île furent brillants.

Le sol de Madagascar offrait aux naturels des produits riches sans aucun travail de plantation. Je citerai la gomme copale, le caoutchouc, etc., etc.

Malheureusement une exploitation abusive en a amené presque la ruine.

Il ne reste pour ainsi dire plus à Madagascar que le commerce des bœufs, des peaux et de la cire,

Le sol épuisé de Maurice et de Bourbon a donné lieu à l'émigration d'une foule d'individus qui ont amené à Madagascar une grande concurrence dans le commerce, car on s'en arrache les produits.

Il est nécessaire, selon moi, de fonder à Madagascar des établissements industriels et surtout des plantations.

La partie industrielle m'a semblé présenter de grands avantages ; la décortication du riz, du café, l'exploitation des bois, la distillerie, la fabrication de l'acide citrique, de l'huile de coco, par exemple, donneraient de larges plus-values au capital qui serait engagé dans ces entreprises.

Quant aux plantations, celles du coton, café, cocotier, etc., etc. réussissent parfaitement; joignons à cela que le terrain et la main d'œuvre sont excessivement bon marché; il est certain que le planteur se trouve dans les conditions les plus favorables.

Bien des gens l'ont compris; aussi puis-je assurer que Madagascar a en ce moment 2 millions au moins de pieds de café en terre, qui seront tous en rapport en 1878.

Les navires qui viendront sur la côte Est de Madagascar pour faire des vivres trouveront facilement des porcs, bœufs, volailles, gibiers d'eau, riz, à des conditions incroyables de bon marché.

Ils pourront aussi faire de l'eau propre à la cuisine dans tous les ports de la côte.

FORT DAUPHIN

Le fort Dauphin, qui est le port le plus S. de la côte, est par 25°. 1'. 20". S. et 44° 37'. 0". E.

Comme il existe dans ces parages de fortes brises de N. E. et de E. N. E., connues sous le nom de brises du Fort-Dauphin, les navires doivent aller reconnaître la terre au N. Les courants S. ont une rapidité telle que, une fois sous le vent, on n'atteindrait le baie qu'avec d'extrêmes difficultés.

Quand on s'approche de Fort-Dauphin, il faut, autant que possible, mouiller pendant la nuit, si le fond est bon et le temps propice, sinon, on risquerait fort d'être entraîné sous le vent de la baie.

Si l'on découvre la terre par 24° de latitude, on distingue nettement, par un temps clair, une chaîne de montagnes assez hautes : et entre les parallèles de 24° 15' et 24° 18' Sud, se dresse, non loin de quelques monticules, voisins de la mer, une montagne de moyenne élévation qui ressemble, à s'y méprendre, à un pain de sucre.

En serrant d'assez près la côte, on reconnaîtra, à une distance d'environ deux lieues et demie, un récif qui s'étend assez loin au large, par 24° 22' de latitude.

En avançant un peu plus vers le sud, que le pilote ait l'œil toujours ouvers et vigilant, et, par le travers des îles Ste Luce, il découvrira, assez loin de la côte, entre les parallèles de 24° 35' S. et 24° 45' S. une roche énorme, recouverte par les flots.

Le récif et la roche sont deux écueils dangereux qui seraient, pour le navigateur inattentif, une cause certaine de naufrage.

En continuant leur route à même distance de terre, quelques navigateurs pourraient commettre une erreur qu'il importe de leur signaler. Ils seraient tentés de prendre pour la pointe Itapère deux autres pointes qui la précèdent et qui sont faciles à reconnaître. On aperçoit la première dans le S. O. 1/4 O. du compas : elle est surmontée de deux monticules aplatis ; la seconde ressemble beaucoup à la première et elle a, comme celle-ci, des monticules ayant plutôt la forme plate que ronde.

Quand on arrive à hauteur de cette deuxième pointe, il est prudent de se tenir à une lieue et demie de la côte, car elle est bordée de bancs qui s'étendent jusqu'à deux milles au large.

On ne tarde pas à découvrir la roche Itapère, sur

laquelle la mer brise toujours et c'est un point de repère sûr pour reconnaître la pointe dont elle est distante d'environ un mille dans la direction sud.

Il serait dangereux de s'engager entre la Roche et la Pointe, car les flots y brisent quelquefois avec violence.

Le fort Dauphin est situé à deux lieues dans le O. S. O. de cette roche. La baie formée par la pointe Itapère et celle sur laquelle est bâti le fort est nommée par les naturels TOLONGHARI et par les Français ANSE DAUPHINE : ils y avaient fondé autrefois un établissement, aujourd'hui abandonné, et dont il ne reste que des vestiges.

Le meilleur point d'ancrage est le coude formé par la pointe.

Pour y arriver, on doit, après avoir doublé la roche Itapère, à un mille ou un peu moins, gouverner sur la pointe du fort Dauphin : elle a une ceinture de récifs d'une encâblure de long, mais en dedans on trouve un excellent mouillage.

L'endroit le plus sûr pour ancrer est celui d'où l'on relève la pointe Itapère à 5° E. ou 6° S. du compas, et l'extrémité des brisants les plus voisins du mouillage au S. E. 1/4 E. L'ancre de babord doit être jetée au N. E. par sept brasses d'eau, sur un fond de sable, et celle de tribord par six brasses : le navire aura par conséquent vingt-cinq ou vingt-six pieds d'eau sous sa quille : et en cas de mauvais temps, il serait bon de jeter une troisième ancre dans le N. O.

Si l'on est surpris par la nuit avant d'atteindre la rade, on peut, après avoir doublé la roche Itapère, mouiller dans toute la baie, si le brassiage le permet; mais il serait bon de s'assurer par la sonde si le fond est bon, car il n'est pas partout de même qualité.

On trouve de l'eau sur le rivage en creusant à une petite profondeur : mais cette eau, sans être mauvaise, n'est pas de bien bonne qualité. Pour s'en procurer d'excellente, il est indispensable de chercher des sources que l'on rencontre à une moyenne distance dans l'Intérieur.

Au sud de la pointe du Fort Dauphin, se trouve une autre baie nommée Galion de St-Luc ou fausse baie. Le fond en est mauvais : la pointe au N. O. du fort Dauphin est formée par une terre plate, de moyenne hauteur ; les terres de l'intérieur sont fort élevées.

FARAFANGANE OU AMBAHÉ

Farafangane est le premier port sud important de la côte Est après Fort-Dauphin.

Ce village se trouve par 22° 52' 0" S et 45° 38' 0" E.

On rencontre trois chaînes de brisants avant d'arriver à la plage.

Les navires mouillent en dehors des brisants par 15 brasses, à environ 2 milles de terre, sur un fond de sable corail.

La tenue de cette rade est mauvaise, et, dans juillet, on se trouve souvent forcé d'appareiller. La meilleure saison pour le mouillage est l'hivernage de novembre en avril.

A environ 80 milles au S. de Farafangane se trouve un port nommé Vahiboul, où la rade est très-mauvaise.

ANDRANAMBÉ

Petit village se trouvant par 22° 37' 21" S. et 45° 42' 0" E. Le mouillage est meilleur qu'à Farafangane.

Au N. de Andranambé se trouve un port en pleine côte, où le mouillage est assez bon; on peut mouiller à 1 mille de terre par 10 brasses fond de sable.

Le commerce d'Andranambé est peu important.

MANANZARINE

Mananzarine se trouve par 21° 13' 40" S. et 46° 7' 20" E.

Ce village est très-important. D'immenses caféries y ont été plantées depuis quelques années.

On reconnait facilement le mouillage :

1° Par la pointe de filaos se trouvant au N. ;

2° Par une chaine de brisants à fleur d'eau;

3° Au sud par 2 arbres formant le parasol.

Il faut toujours mouiller vis à vis la coupure des brisants qui est la passe des embarcations.

Un navire de petit tonnage, remorqué par une chaloupe à vapeur, pourrait entrer en dedans des brisants, mouiller à dix brasses et se mettre sur quatre amarres.

En draguant la rivière à l'entrée, on pourrait par le même moyen mouiller dans la rivière.

Entre les brisants et la terre, il y a un fort courant formé par la rivière. Ce courant porte N. Avec les vents du S. il devient tellement fort que les embarcations de déchargement, pontées, montées par 20 hommes, sont obligées de mouiller, le courant les empêchant de rentrer dans la rivière.

On mouille ordinairement par 12, 10 et 9 brasses. Le commerce de Mananzarine est important.

MAHÉLA

Mahéla est un village assez important comme commerce, quoiqu'il soit bien tombé depuis quelques années ; il se trouve par 20° 58' 0'' S. et 46° 13' 0'' E.

On mouille ordinairement par 12 brasses à 1 mille 1/2 de terre. Les chargements sont difficiles et le mouillage mauvais.

Du N. de Farafangane à Mahéla, un navire, se trouvant en calme, dans la belle saison, peut sans crainte mouiller à 1 mille de terre ou 1 mille 1/2 par 15 brasses.

De Mahéla à Mahanoro il n'y a pas de port: le brisant placé sur plusieurs cartes à 6 milles de terre entre 20° 16' 0'' S. et 20° 36' 0'' S. n'existe pas.

AMBOUDIHARINE

Amboudiharine est un petit village où on ne charge pas. Il se trouve par 20° 11' 0" S. et 46° 24' 30" E.

Le commerce est peu important. Les produits achetés par les traitants de cet endroit vont à Mahanoro par pirogues, en passant par un petit canal ou taroche reliant la rivière de Mangoro à la rivière de Mahanoro.

MAHANORO

Mahanoro se trouve par 19° 55' 0" S. et 46° 32' 10" E.

C'est après Tamatave la ville la plus importante de la côte E. surtout pour le commerce du riz, descendant de l'intérieur par la rivière de Mangoro qui correspond, comme je l'ai dit, avec la rivière de Mahanoro.

C'est à Mahanoro que la maison Roux de Fraissinet et Cie a installé une usine à riz.

En venant à Mahanoro par le sud, il faut se tenir à une distance de 20 lieues de la côte, parce que les courants suivent la côte et portent S. et S. O.

En venant par le N., on peut suivre la côte de près, pour profiter des courants et, la nuit, de la brise de terre.

Si on était pris par les calmes le soir, il serait toujours meilleur de mouiller sur n'importe quel point par 20 ou 30 mètres de fond; il est rare que, la nuit, la brise du large soit forte.

On reconnaît que l'on est dans le S. du mouillage de Mahanoro par une chaîne de montagnes dans l'intérieur d'une hauteur moyenne.

Au rivage, les terres sont basses, avec des arbres qui du large paraissent être des palétuviers.

En avançant vers le N. pour aller à Mahanoro, l'on trouve un bouquet d'arbres sur un mamelon à proximité de la mer, d'une hauteur de 40 mètres, avec des cocotiers, qui fait partie de la pointe S. de Mahanoro et dans l'intérieur, en face, une montagne d'une hauteur remarquable et de forme plate à son sommet. Dans le N. et presque en face de la pointe des brisants N. il y a une montagne en forme de pain de sucre, et plus dans le nord de ce pic une montagne plate et isolée se trouvant dans les hauts de Mitinandry.

La reconnaissance de ce pain de sucre et de la pointe S. de Mahanoro avec ses cocotiers sont des points très-remarquables pour atterrir.

En venant par le S. il faut suivre les brisants à une distance convenable, en ayant une vigie, et dès que l'on verra la pointe N. des brisants, contourner cette pointe en la laissant par babord à une petite distance, suivant la force du vent, et on laissera courir en dedans, tant que le vent vous le permettra, par des fonds de 12 à 9 mètres. De mai en fin septembre, le meilleur mouillage se trouve en relevant le mât de pavillon de la pointe S. de Mahanoro au S. O. du compas, et la pointe des brisants nord à l'E. 1/4 N. E. du compas, et vous aurez de 9 à 11 mètres d'eau; il faut toujours avoir une bonne bouée et 3 maillons au moins.

D'octobre en fin décembre, on peut aussi prendre ce mouillage, seulement il pourrait se faire que pour sortir, on dût attendre quelques jours, par rapport aux brises du N. E.

De janvier en fin d'avril, il faut mouiller un peu en dedans de la pointe des brisants et être troujours en mesure d'appareiller: un petit navire de 400 à 500 tonneaux pourrait parfaitement prendre le mouillage de octobre en fin décembre.

Les coups de vent commencent toujours de l'O. S. O. ou S.; par ce motif, on peut facilement sortir et prendre le large. Les vents de S. E. et S. S. E. sont mauvais.

Avec le " Léotus", (1) en août et mi-septembre 1873,

(1) Le capitaine Cérisola a commandé pendant 6 ans ce navire,

nous avons eu plusieurs fois les deux ancres à la mer. Il est toujours urgent d'avoir des bouées aux ancres. En 1875, fin octobre, nous avons perdu une ancre en rade avec le navire « la Mésange », trois mâts de Marseille.

La pointe de Mahanoro, sur laquelle est bâtie le fort Hova, est remarquable; elle est à pic et peut avoir de 40 à 50 mètres de hauteur; elle est sur le rivage de la mer.

En approchant, il faudra ne pas oublier de mettre le pavillon, et la batterie mettra immédiatement le pavillon Hova, qui sera sur le bouquet d'arbres que j'ai déjà signalé.

La côte est saine par là; mais bonne surveillance, à cause des terres basses.

Les brisants ont de un à trois mètres d'eau dessus; la mer brise souvent; si ces brisants étaient à fleur d'eau, la rade serait meilleure. Il existe une passe dans ces brisants, mais elle ne peut être praticable que pour un petit navire, et il faudrait tout d'abord faire un sondage et mettre des bouées pour montrer le chenal.

Le fond de Mahanoro est meilleur près des brisants que près de la côte.

Souvent vérifier les ancres.

L'embouchure de la rivière change souvent de place.

Lorsque la «Ville d'Aigues-Mortes» a fait naufrage à Mahanoro après avoir perdu ses ancres, il y avait sur rade deux navires: un de 100 tonneaux et l'autre de 200; les ancres ont tenu à ces deux navires.

MAROUSIKY

Village assez important par 19° 41' 0" S. et 46° 34' 0" E. se reconnaissant par un bouquet de 12 cocotiers isolés.

La côte y est droite. Un navire surpris par la nuit et craignant d'être emporté S. par les courants peut mouiller à Marousiky par 12 brasses, à 1 mille ou 1 mille 1/2 de terre.

Les produits de Marousiky vont généralement à Mahanoro pour être exportés.

MITINANDRY

Mitinandry est un petit village sur la côte par 19° 28' 0" S. et 46° 37' 30" E. Le commerce étant peu important, on n'y mouille généralement pas.

VATOUMANDRY

Ce village est important; le commerce de Mitinandry vient à Vatoumandry.

Il se trouve par 19° 19' 30" S. et 46° 41' 0" E.

Sur la route de Mahonoro à Vatoumandry, il y a deux ou trois hauts fonds non marqués sur les cartes, et qui brisent dans les mauvais temps et les forts ras de marée. Ils sont compris dans un rayon qui ne s'étend jamais à plus de 4 milles au large. Il y en a aussi un dans le nord de Vatoumandry, près de la côte.

La position de Vatoumandry est mal déterminée sur beaucoup de cartes; il est généralement porté à l'endroit où est réellement Marousiky, qui lui-même est mal marqué.

Vatoumandry est le seul endroit de la côte où il y ait des rochers si élevés.

Les terres sont très-hautes dans l'intérieur : la montagne la plus remarquable est celle qui a trois petit pitons vis-à-vis de Vatoumandry.

Une montagne plate et isolée se trouve dans l'intérieur.

Les courants sont très-forts près de la côte, et portent généralement S. surtout avec les vents du S. dans ce dernier cas, les navires ne peuvent presque jamais présenter l'avant au rumb de vent toujours N. E.

Le vrai mouillage de Vatoumandry est l'endroit d'où l'on peut toujours appareiller des deux côtés; et je suis d'avis que c'est entre les hauts rochers de la côte et les brisants que l'appareillage est le plus facile. Jusqu'à ce jour aucun navire n'a pris ce mouillage.

En venant au S. on peut passer, soit en faisant le tour des récifs, soit en passant entre ces récifs et les rochers, par un magnifique chenal qui n'a pas moins de 1 mille 1/2 de large et dans lequel il y a de 20 à 23 mètres d'eau. Ce chenal est complètement libre de dangers, surtout du côté du récif du large que l'on peut approcher de très-près.

Du côté des rochers de la côte, il y a deux ou trois hauts fonds, mais qui ne s'étendent pas à plus de 1/3 de mille au large des roches.

La tenue y est bonne, mais de juin en fin août la rade est très-mauvaise.

La barre de la rivière est très-dangereuse; aussi, souvent l'on embarque les marchandises dans le sud des roches, ayant une ancre mouillée au large, et les embarcations étant chargées attendent une embellie pour se déhâler hors des brisants.

Le haut fond de 5 mètres qui existe dans le prolongement des brisants en allant vers le N. paraît très-dangereux; le transport « la Divers », le 25 avril 1873, partant de Vatoumandry pour Tamatave, en a passé très-près par 9 mètres de fond; sur les indications du capitaine Cérisola qui était à bord, le Commandant a pu l'éviter assez à temps en venant sur babord. Ce banc n'est pas encore déterminé d'une manière juste; je le place à un bon mille du mouillage A et en le relevant à l'est du compas.

Ce haut fond brise dans les forts mauvais temps et les ras de marée.

Les rochers sont visibles du large de 6 à 8 milles et sont noirâtres.

L'établissement de M. Guenot est visible à 6 milles du large.

ANDOUVOURANTE

Andouvourante est un gros village situé par 18°. 56'. 0''. S. et 46°. 47'. 0''. E.

Le commerce d'Andouvourante est assez important, mais on n'y mouille ordinairement pas, les produits allant par terre à Tamatave; c'est le passage des marchandises allant et venant de Tananarive à Tamatave.

ILE FONG

L'Ile Fong où Ile Soumagne est située par 18°. 26' 30'' S. et 47°. 5'. 33''. E.

Cette île ressemble beaucoup à l'île aux Prunes par sa forme arrondie, mais elle est moins boisée; on y voit quelques filaos dispersés.

Les navires venant du S. l'ont souvent pris pour l'île aux Prunes; on peut passer entre la terre et l'île et sortir dans le N. des brisants.

ILE NOSSI-DOMBASLE

Nossi-Dombasle est une île de sable située à environ 12 milles au S. de Tamatave. Dans les grandes marées elle se trouve couverte par les eaux. Il faut passer au large de ce banc.

TAMATAVE

Tamatave est la ville la plus importante de la côte E. de Madagascar. Elle se trouve par 18° 10' 6" S. et 47° 8' 27" E.

La ville est assez bien construite; on y compte environ 2 mille blancs. Le commerce y est très-important et tend toujours à augmenter.

Le port naturel de Tamatave, où peuvent mouiller les navires du plus grand tonnage, facilite énormément les chargements et déchargements.

Ce port est environné par des récifs qui mettent les navires à l'abri des vents de N. E., d'E. et de S.

La ville est bâtie sur une pointe entourée par un récif qui s'étend à un demi-mille; le chenal qui conduit à la rade est bordée du côté N. par l'extrémité de ce récif et du côté S. par l'extrémité S. du récif du N. ou du large. Ce chenal est large d'un quart de mille et sa profondeur varie de six à treize brasses.

L'entrée du chenal est signalée par un navire de 800 tonneaux, échoué sur la pointe S. du récif du large.

Le récif N. mesure environ 1 mille 1/4 du N. au S. et son extrémité S. est à près de 3/4 de mille dans le N. N. E. de la ville. Il est séparé, par un chenal de six à sept brasses de profondeur, d'un autre récif plus petit, situé dans le N. E. de l'extrémité N. du récif du N.; à une distance d'un 1/2 mille, il n'y a pas moins de dix à douze brasses le long de la côte O. du récif du N. conduisant à la rade.

A un grand mille dans le S. 1/4 S. O. de l'Ile aux Prunes et à deux milles à peu près dans le N. de l'extrémité nord de ce dernier récif, on trouve un autre récif, plus petit et un banc de sable. A trois lieues au S. de Tamatave, commence une série de récifs qui se prolongent dans la même direction, jusqu'à une distance de sept lieues du port; ils s'étendent parfois jusqu'à trois milles au large..

Enfin, à environ 3/4 de mille dans le S. S. O. du récif de Tamatave, on en rencontre un autre plus petit. A Tamatave la mer marne de sept pieds, et à la saison des grandes marées, c'est à 4 h. 18 minutes qu'on a le plein de l'eau.

En 1825, on a constaté une variation de 13° N. O.

ILE AUX PRUNES

L'Ile aux Prunes, qui est inhabitée, se trouve par 18° 3' S. 47° 9' 9" E. et à deux milles de la terre la plus rapprochée de Madagascar. Elle paraît couverte d'arbres quand on la voit à une distance de cinq lieues, et ses extrémités N. S. et E. sont entourées par un récif qui a 1/4 de mille de largeur. Elle a une forme arrondie.

A environ 1 mille dans le N. E. de cette île, on trouve l'extrémité S. d'un récif qui s'étend à 1 mille dans le N. N. E. et auprès duquel il y a des bas fonds.

FOULEPOINTE OU MAHAVELOUNE

Le village de Foulepointe est assez important. Le commerce venant du N. pour Tamatave y passe généralement. Il se trouve par 17° 40' 30" S. et 47° 12' 0" E.

Quand règnent les vents du sud, il faut aller reconnaître l'île aux Prunes, si l'on veut gagner Foulepointe.

Dans les parages de cette île, la côte est basse et couverte d'arbres; on y respire un air sain, et il y a de 7 à 8 brasses d'eau à 1/4 de mille au large.

Dans le N. N. E., à une distance d'environ trois lieues

de l'île aux Prunes, se voit un banc de roches parsemé de brisants; à une lieue 1/2 plus loin, et dans la même direction, on rencontre un autre banc sur lequel on ne trouve que trois brasses d'eau, et à une lieue dans le N. N. E., un troisième, recouvert de quatre brasses : c'est à une lieue de terre environ que le navigateur reconnaîtra ces endroits dangereux.

De l'île aux Prunes à Foulepointe, la côte de Madagascar est peu élevée, de hauteur inégale et couverte d'épaisses forêts. A mesure qu'on s'avance dans l'intérieur, les terres s'élèvent en forme d'amphitéâtre et forment une double et triple rangée de montagnes que l'on découvre à une très-grande distance.

La côte est formée par des sables blancs bordés de récifs qui s'étendent à deux ou trois encâblures du rivage, et quand on relève l'île aux Prunes au N. O. du compas, à une distance de deux lieues, on distingue sur la côte N. une petite montagne plus rapprochée de la côte que les autres et surmontée de deux mamelons : près de cette montagne est assis un petit village où se dresse un mât de pavillon. Plusieurs fois, cet endroit a été pris pour Foulepointe, qui est à 3 lieues plus au nord : mais il existe un moyen fort simple d'éviter cette erreur. De ce village on aperçoit l'île aux Prunes qui n'est pas visible de Foulepointe. On arrivera à cette dernière station en mettant le cap au N. 15° E. après avoir relevé l'île aux Prunes à S. 30° O. du compas, lorsqu'elle s'enfonce sous l'horizon.

Le mouillage de Foulepointe est formé par un récif qui se détache de la côte à 1 mille 1/2 au sud du village et se prolonge à près d'un mille dans le N. E. du monde de la pointe.

Quand on longe ce récif, il faut se tenir à un quart de lieue de distance, et à une bonne encablure, quand on tourne son extrémité nord : quelquefois la mer brise sur ces récifs; mais quand la marée est haute ou la brise fraîche, on ne les distingue pas aussi facilement.

L'extrémité nord du récif une fois contournée, il faut

gouverner au S. O., relever l'extrémité nord du récif à l'est du monde, le village au S., à un mille de distance, puis mouiller à l'abri du récif; on trouve six ou sept brasses d'eau sur un fond mélangé de sable et de vase.

Les deux ancres doivent être jetées, l'une à l'E. N. E. et l'autre à l'O. S. O. Si on doit y faire un séjour prolongé, il sera de bonne précaution de jeter une troisième ancre dans le N. O.

On pourrait encore, à la rigueur, mouiller dans un bassin, enserré par le récif, et voisin de la pointe. Mais outre qu'on n'y trouve que quatre brasses ou quatre brasses 1/2, le fond est mauvais, et les câbles en chanvre risquent fort d'être coupés par les aspérités des roches.

Les vents de ces parages sont périodiques et soufflent du S. au S. E. depuis avril jusqu'à octobre ou novembre, et du N. au N. E. pendant le reste de l'année.

MAHAMBOU

Mahambou, au N. de Foulepointe se trouve par 17° 30' 0" S. et 47° 10' 0" E. C'est un petit village où il y a peu de commerce, mais on y charge beaucoup de bœufs.

Le mouillage est bon; pourtant il y a des pâtés de coraux qu'il faut éviter en mouillant à l'E. de la pointe et sans entrer en dedans, à environ 1 mille de terre, par 7 ou 8 brasses.

On reconnaît Mahambou par des montagnes assez élevées dans l'intérieur et la pointe parfaitement détachée, bordée de filaos.

FÉNÉRIVE OU VOUHIMASINE

Fénérive se trouve par 17° 23' 0" S. et 47° 8' 10" E. La ville est établie dans un enfoncement de la côte,

On mouille à environ 1 mille de terre par 6 et 7 brasses sur fond de sable.

Jusqu'à 1/2 mille au large il y a des récifs.

Le mouillage est bon; on est bien abrité du S, mais avec un coup de vent du N. la mer devient très-grosse, et on est souvent forcé de prendre le large.

C'est le point N. de la côte le plus important après Tamatave.

Les principales branches de commerce sont le riz, les peaux de bœufs et le caoutchouc.

MARIMBOU

Marimbou est un petit village situé à quelques milles au S. de Ste-Marie. Il y a mouillage pour les petits bâteaux, mais il est très-difficile. On y vient charger du riz pour Ste-Marie.

ILE Ste MARIE

L'île Ste Marie, l'une des possessions coloniales de la France, est comprise entre les latitudes S. 17° 7' 18" et 16° 40' 30".

Elle est à environ douze lieues dans le N. 27° E. du monde de la rade de Foulepointe.

Sa pointe S. est par 47° 26' 30" E.

Les bâtiments de toute grandeur peuvent passer par un chenal qui sépare Ste Marie de Madagascar; sa largeur n'est pas inférieure à quatre milles et il n'a pas moins de vingt-sept brasses de profondeur dans son milieu. Le brassiage, qui varie entre 6, 7 et 32 brasses, diminue en quelques endroits auprès des côtes.

La partie la plus étroite de ce chenal se trouve presque vis-à-vis du milieu de Ste-Marie, à l'endroit où la pointe Larrée se projette à huit milles en dehors de tous les autres points de Madagascar.

A la pointe S. de Ste Marie se trouve un chenal très-étroit, qui la sépare d'une petite île plate; au S. et au S. E. existe un récif qui a un mille et demi de largeur. Toute la côte E. est bordée par des récifs, des brisants, et des bancs de sable qui s'étendent parfois jusqu'à deux et trois milles au large. Celui de ces écueils qui est le plus au S. se trouve à une distance de trois ou quatre milles de l'île qui est en dehors de la pointe S.

Sur la côte O., à sept milles environ de la pointe S., s'ouvre une baie qui offre un excellent abri, et à l'entrée de laquelle se trouve la petite île aux Cailles. Pour trouver un bon mouillage, il faut mettre le cap sur la pointe S. O. de Sainte-Marie, en se tenant par une profondeur de dix-huit ou vingt brasses, puis lorsqu'on a contourné une grande roche noirâtre, qui se trouve en dehors de la pointe S. O. de la baie, on jette l'ancre par dix-huit ou vingt brasses d'eau à l'endroit d'où l'on relève l'île aux Cailles à peu près au S. du monde et la pointe Larrée vers le N. à une distance de trois lieues.

La mer y marne d'environ cinq pieds, et c'est à quatre heures, pendant les grandes marées, qu'a lieu le plein de l'eau. Les mois de janvier, février et mars sont ceux pendant lesquels on est exposé, dans ces parages, aux coups de vent les plus forts.

TEINTEINGUE

On trouve à l'île Ste Marie, par 16° 42' 30" S., à trois lieues et demie dans le N. O. de la pointe Larrée, une baie nommée Teinteingue ou Tangtang. L'entrée en est obstruée par des bas-fonds. Il existe pourtant une passe variant entre un quart et un demi-mille de largeur, et d'une profondeur de huit à dix brasses. Elle conduit à un mouillage où l'on peut jeter l'ancre par cinq, six ou sept brasses, et qui est abrité contre tous les vents par les récifs S.; mais c'est surtout par quatre brasses ou quatre brasses et demie qu'on trouve le meilleur mouillage, en dedans de la péninsule formée dans la partie N. du port par la pointe Tangtang. Le plein de l'eau s'y fait sentir à quatre heures et demie dans les grandes marées, et la mer marne alors de six pieds.

POINTE NOSI-HATAFANE ET ANTANAMBE

Nosi-Hatafane, dans le sud des îles Nosi-Hatafane, est une pointe entourée de brisants formant l'entrée d'un nouveau port appelé Antanambé, se trouvant environ par 16° 26' 0'' S. et 47° 31' 0'' E. C'est un village blanc créé en 1871. Le principal commerce est le caoutchouc. On peut mouiller en dehors de la pointe par 7 brasses, à environ 2 milles de terre, ou dans le port vis-à-vis le village, entre le banc principal de récifs et un autre petit N. par 4 brasses. La tenue du port est assez bonne.

MENANHARA

Village assez important par 16° 19' 30'' S. et 47° 26' 9'' E. Se trouve après le cap Bellone.

Aussitôt après avoir doublé la pointe, on aperçoit d'un premier abord deux petites langues de terre boisées s'avançant au large d'environ 1/2 mille, et ensuite plus O. derrière elles, une petite île et les rochers aux ananas.

Les brisants se prolongent au N. O. de l'île en formant un petit chenal ayant 4 brasses de fond au minimum.

Les capitaines des petits bateaux connaissant bien la rade peuvent y passer. Mais pour les bateaux d'un certain tonnage, il est nécessaire de doubler ces brisants en passant par le N. pour venir mouiller vis-à-vis la rivière par 19, 16, 9, 8 et 6 brasses. On mouille aussi en dedans des récifs à environ 1/4 de mille de ces derniers, par 6, 5 et 4 brasses. Quand l'embouchure de la rivière est ouverte, un bateau de 20 tonneaux peut entrer dans un lac se trouvant dans les terres.

Le commerce y est assez important.

A une demi-journée N. de Ménanhara on trouve de petits villages où il y a des traitants qui arrêtent des produits pour les transporter à Ménanhara. Le point principal de débarquement se trouve par 16° 2' 0" S. et 47° 27' 0" E. C'est un port formé au sud par une pointe de terre et au N. par des brisants s'avançant d'environ 1 mille au large. La passe est étroite et la plus grande profondeur est de cinq brasses. On ne peut sortir de ce port que par les vents de terre. Il y a sur la plage quelques cases servant de magasins. Dans le port les courants varient; ils portent sur les brisants N. ou S. suivant les vents qui ont régné la veille. Le plus à craindre est le brisant du N., car à une encâblure de ce dernier, il se trouve des pâtés qui ne marquent qu'avec une grande brise.

Depuis Ménanhara, la côte est bordée de récifs jusqu'au cap Est.

BAIE ANTON-GIL

Cette baie tire son nom du capitaine Antonio Gil qui est, paraît-il, le premier marin européen qui y ait pénétré. Les naturels du pays la nomment Manghabes. Son entrée est à onze lieues environ dans le N. du monde de l'extrémité

N. de Ste Marie; elle mesure treize lieues d'étendue et six lieues de largeur à son entrée, entre le cap Bellones et celui de Dumford-Noss, qui est encore connu sous le nom de pointe Baldvisk : ces deux points sont situés N. E. 1/2 E. et S. O. 1/2 O. l'un de l'autre.

D'après le relevé du capitaine Owen, le cap Bellones est par 16o 14' S., et le cap Dumford-Noss, qui forme l'extrémité de la côte E. de la baie, par 16° 0' S. et 47° 46' 15" E.

Quand règne la mousson du S. il faut, pour se diriger sur la baie Anton-Gill, passer entre Ste-Marie et Madagascar, ou un peu à l'est de la première de ces îles; si c'est au contraire la mousson N. qui souffle, on doit gouverner directement sur la baie, sans aller reconnaître Ste Marie : on peut, à volonté, remonter le long de l'une ou l'autre rive : toutes deux ont le fond également bon et un brassiage à peu près égal : la profondeur diminue progressivement quand on remonte la baie ; elle varie entre trente et quinze brasses.

MAROSSE

A un mille un quart de la pointe qui forme l'entrée de la rivière Tungumbaly, se trouve une île de deux milles d'étendue ; c'est Marosse : elle est située au fond de la baie par 15° 30' S. Au sud de cette île existent quâtres îlots dont le plus éloigné est à quatre milles et demi ou cinq milles de Marosse. On y rencontre un mouillage auquel le capitane Owen a donné le nom de rade de Hastie ; il est au nord et à l'ouest de Marosse, en face de deux petites anses ; il a de onze à douze brasses de profondeur.

L'embouchure de la rivière est dans le N. N. O. du monde de Marosse. Les grands bateaux peuvent la remonter facilement, car on trouve à son entrée une profondeur d'une brasse et demie, qui s'élève jusqu'à trois brasses quand on s'engage dans l'intérieur. C'est à l'endroit nommé par les Français port Choiseul, au N. O. de la rivière, que se trouve un mouillage excellent, où l'on peut jeter l'ancre par six et sept brasses, tout près du village de Maran-Seetzly. Au temps des fortes marées, la mer y marne de cinq pieds et le plein de l'eau se fait sentir à quatre heures. Les variations y sont parfois très-grandes : ainsi, en 1824, on trouva 11° de variation N. O. Les naturels de la côte amènent pour l'approvisionnement des navires, des bœufs, du riz et d'autres provisions.

Quand on veut quitter la baie Anton-Gill pour faire route au N., il faut, quand la brise est favorable, gouverner le long de la côte E. de la baie.

Dans le sud de Dumford-Noss, et à une petite distance de ce cap, se dresse la petite île de Rehenter, au sud de laquelle mouillent les navires qui font le commerce avec cette partie de l'île.

A partir de là, la côte, qui est bordée par un récif large de deux milles, sur une longueur de deux lieues, court dans la direction de l'Est, pour aboutir à un îlot appelé Nepatte; de cet îlot, elle s'étend au N. 27° E. du monde, sur une longueur de trois ou quatre lieues, puis jusqu'au cap Est au N. 24° E.

A une lieue et demie au nord d'Anton-Gill, par 15° 57' S. et 47° 45' 0" E., se trouve la baie de Veninguebe. Elle est peu sûre pour les grands navires, car c'est en quittant cette baie en 1761 que la frégate française *la Gloire* se perdit sur la pointe de récif qui est au nord de l'entrée.

CAP EST

L'îlot le plus au large s'appelle Ngoncy ou le Cap-Est; il se trouve par 15° 15' 45" S. et 48° 6' 15" E. La ville est bâtie à deux milles dans le N. O. La côte, sur toute sa longueur, a une ceinture de récifs dont plusieurs s'étendent jusqu'à deux milles au large; il faut donc courir des bordées à une bonne lieue de terre. Du Cap

Est à la pointe Vohémar, située par 13° 24' S., elle est au N. 16° O. du compas; puis, du N. 22° O., elle tourne au N. 27° O. dans la direction du cap d'Ambre, qui forme l'extrémité nord de Madagascar. Les terres, entre le Cap Est et le Cap d'Ambre, sont en général hautes et inégales; toutefois, au bord de la mer, elles sont parfois unies et d'altitude ordinaire; la côte Est est bordée d'îlots et de récifs qui se prolongent jusqu'à quatre milles au large.

La rade de Angoncy ou baie du Cap Est est située par 15° 13' 30" S.; l'entrée se trouve à un mille et demi ou deux milles de l'îlot le plus au large : elle a un demi-mille de largeur et cinq brasses de profondeur : elle est limitée de chaque côté par des récifs, et le récif qui s'étend au nord du Cap Est abrite les navires contre tous les vents, à l'exception pourtant de ceux qui soufflent du N. E. La ville d'Angoncy est assise sur le bord sud de la baie, et à un mille et demi dans le N. O. la ville de Noable est bâtie sur la péninsule de sable formée par la côte sud de la rivière du même nom.

ANTALAHA

Le village d'Antalaha n'est pas très-important; mais le commerce du caoutchouc et du riz y est considérable.

Il se trouve par 14° 54' 0" S. et 48° 02' 0' E.

On prend connaissance en venant du S. de deux roches qui sont dans le S., à 6 milles de terre de la rade et à 1/4 de mille de terre.

La rade d'Antalaha n'est pas sûre; elle est pleine de hauts fonds et de pâtés de coraux. Les navires y perdent souvent leurs ancres.

Avec les brises un peu fortes d'Est et de N. E. les navires sont obligés de dérader.

Les navires venant du S., avant d'apercevoir les roches, voient la montagne de la Table qui est à l'intérieur, à 8 milles de la côte. Son sommet est tout à fait plat. En venant du large, elle paraît détachée de la terre et représente une île; aussitôt que l'on aperçoit les roches, et que l'on rallie les terres pour le mouillage, la montagne ne paraît plus.

Au nord d'Antalaha, par 14° 38' 0" S., se trouve dans l'intérieur une montagne très-remarquable en forme de table appelée la Montagne carrée.

ISANE

Isane est un village assez important au nord de la montagne de la Table, se trouvant par 14° 33' 0" S. et 47° 57' 0" E.

On reconnaît le mouillage en venant du Sud par trois rochers noirs se trouvant à 1/2 mille de la côte et par un piton dans l'ouest; plus à l'intérieur on aperçoit la montagne de la Table. Une pointe de terre couverte de filaos ayant la forme du bec d'un aigle forme la partie sud du mouillage; il faut longer cette pointe, et lorsque l'on aperçoit la montagne de la Table derrière la pointe de filaos, gouverner Ouest. On mouille au nord de la pointe par 16, 15, 14, 12, 11, 10 brasses, à environ 1 mille 1/2 de cette dernière et de la côte.

Les rivières, à partir de la pointe d'Angoncy en montant vers le nord, sont généralement mal portées. Ainsi, à la place de la rivière d'Ampah le véritable nom est Laka. Sur les rives de cette dernière, il y a une grande quantité de villages faisant le commerce avec Sambava.

SAMBAVA

Sambava est un village important; il se trouve par 14° 17' 0" S. et 47° 55' 0" E. Le commerce de la gomme copale et du caoutchouc y est très-important.

Le mouillage de Sambava se trouve dans un enfoncement de la côte; la partie sud est très-boisée et les terres ont une hauteur d'environ 5 mètres et sont boisées; celles du nord sont de sable, plus basses, et couverte de filaos. Le mouillage a environ 2 milles de longueur. On mouille ordinairement vis-à-vis du village, à environ 1/4 mille de terre, par 5 brasses. La tenue est bonne ainsi que le mouillage, mais il n'est possible que de septembre en avril, à cause de la grosse mer. D'un autre côté, la rivière, qui se trouve au nord de la rade et au sud d'un brisant, est toujours bouchée avec les vents du S. E., ce qui empêche les déchargements et déchargements.

La rivière portée Laka sur la carte de Robiquet est Manarabé, celle de Samberano n'existe pas par 16° 32' 0" S. et 47° 50' 0" E. Avant d'arriver à Vohémar, il existe un banc de corail sur lequel il y a 8 brasses.

VOHEMAR

Vohémar est un village assez important; on y fait beaucoup le commerce des bœufs. Le port de Vohémar est très-sûr; on y est à l'abri des coups de vents.

Il se trouve par 13° 23' 0" S. et 47° 33' 0" E. ;sur certaines cartes à grands points de Vohémar, le pâté porté à l'entrée du port du côté nord est mal porté, il se trouve au contraire près de la partie sud. Il faut donc gouverner en se portant le plus possible sur tribord lorsque l'on veut entrer au mouillage, et sur babord dans le cas contraire.

BAIE D'ANDRAVA

Cette baie, qui mesure environ un mille un quart d'étendue et que l'on reconnaît facilement à sa forme arrondie, est située par 12° 55' 30" S. et 47° 31' 15" E. Au milieu de l'entrée se dresse une île sur les côtes de laquelle on trouve de quatre à neuf brasses d'eau; mais en dehors de ses extrémités N. et S. s'étendent des récifs dangereux. Elle n'abrite pas les navires contre les vents du N. et du N. E., mais si on mouille dans le sud de la baie, à environ trois quarts de mille au S. O. du cap par lequel se termine la pointe E. de l'île, on est protégé contre les vents d'E.

PORT LEVEN

A deux lieues N. de la pointe qui forme l'extrémité O. de la baie d'Andrava émergent cinq îles et des îlots entourés par un énorme récif. C'est dans l'une des échancrures de ce récif, du côté de l'E., que se trouve le port Leven. La passe qui y donne accès est bordée par des récifs qui se projettent en dehors de l'île la plus N., située par 12° 47' S. et 47° 28' E., et celle nommée Noshe-Manambedy, à trois milles dans le O. N. O. de la précédente, est entourée comme elle par un récif. Le chenal conserve un mille de largeur jusqu'à deux milles et demi au dessus de l'entrée; cette largeur se réduit de moitié à une distance de deux milles du port où l'on trouve une profondeur de six brasses, comme à l'entrée de la passe : il existe néanmoins au S. O. de la pointe nord de Noshe-Kow, à peu près à mi-chenal, un bas-fond qui n'est recouvert que par trois brasses.

Entré dans le port, on doit faire route au S. du monde, sur une longueur d'environ trois milles; puis on gouverne par S. 17° E. pour arriver au fond de la baie, qui est abritée contre tous les vents.

Outre ce port, il existe un autre bassin où l'on trouve un abri aussi sûr que dans le fond de la baie, par une profondeur variant entre six brasses et trois brasses

On y entre par une grande ouverture pratiquée dans le récif qui se dresse à l'ouest de l'entrée.

PORT LOUQUY

On trouve par 12° 44' 12" S. un excellent port : c'est celui de Louquy. Du côté Est s'avance une pointe qui en termine l'entrée du côté E. : cette pointe est entourée par un banc de corail et sa situation exacte est par 12° 44' 12" S. et 47° 26' 57" E. On entre dans le port par un chenal resserré entre le banc de corail ci-dessus et un autre banc situé à l'ouest de celui-ci. Dans la partie nord de la passe émerge une île appelée Noshe-Kahoomby, ou l'Ile de sable, d'une longueur d'environ trois milles. Quand on arrive en face de la pointe sud de cette île, à une distance d'un mille et demi ou deux milles, il faut faire route au S. 1/4 S. O. du monde, entre les récifs de l'entrée, pour arriver au port.

La passe, à son entrée, varie entre un mille et un quart de mille de largeur ; la sonde y donne de vingt à quarante brasses d'eau, et à deux milles en dehors, elle ne trouve plus de fond.

Les navires français mouillaient autrefois dans un autre port qui se trouve au fond de la baie, par quatre ou cinq brasses de profondeur, à deux milles du nouveau port.

Entre les deux ports s'étend un vaste banc qui part de la pointe de la côte E. pour finir aux deux tiers environ de la longueur du chenal : c'est dans cette partie qu'il est le plus étroit.

On donne le nom de Faux-Port à une baie très-ouverte qui est sur la côte S. E. de la pointe.

BRITSH-SOUND

Ce port, qui est par 12° 36' 0" S. et 47° 18' 0" E., a

une entrée large d'un demi-mille. On y pénètre par un chenal qui a vingt-quatre brasses à partir de la côte S. jusqu'au milieu de la passe; mais, au fur et à mesure qu'on s'approche d'une île qui borde le côté nord de l'entrée, la profondeur diminue graduellement et se réduit à trois brasses. L'île est voisine d'une pointe de Madagascar, et de cette pointe et de l'île part un énorme récif qui s'étend au loin.

Le milieu de la baie donne une profondeur de trente-cinq brasses qui diminue progressivement dans le voisinage du banc et de la côte.

Vers le milieu de la baie, à trois milles environ de la partie ouest de l'île se dresse une roche dont la tête est hors de l'eau : les petites criques qui avoisinent le port renferment quelques îlots, et sur la côte sud, non loin du village, qui est à quelque distance du rivage, coule un ruisseau.

PORT D'AMBAVARANOU

Le port d'Ambavaranou se trouve par 12° 19' 0" S. et 47° 15' 0" E. Des détails me manquent sur l'hydrographie de cette baie où l'on serait, paraît-il, bien abrité des vents.

BAIE DIEGOSOAREZ

L'entrée de la baie se trouve par 12° 14' 6' S. et 47° 2' 57" E. et est comprise entre des récifs et quelques petites îles; sa largeur est d'environ 3/4 de mille.

CAP D'AMBRE

Le cap d'Ambre est la pointe la plus au N. de Madagascar.

Il se trouve par 11° 57' 20" S. et 46° 58' 40" E. Dans le S. à environ 30 milles se trouve la montagne d'Ambre dont la pente est très-régulière. Les terres du cap sont basses; elles se terminent par quelques petits ilots; à 1/2 mille de ces derniers on trouve de 15 à 20 brasses d'eau.

TABLE DES MATIÈRES

ET POSITION DES DIFFÉRENTS POINTS DE LA CÔTE EST DE MADAGASCAR.

www.ingramcontent.com/pod-product-compliance
Ingram Content Group UK Ltd.
Pitfield, Milton Keynes, MK11 3LW, UK
UKHW032019260826
14628UKWH00006B/2581

9 782013 356213